CÓMO RECIBIR
la Palabra
PROFÉTICA DEL
SEÑOR

CÓMO RECIBIR la Palabra PROFÉTICA DEL SEÑOR

CHUCK D. PIERCE | REBECCA WAGNER

Betania es un sello de Editorial Caribe, Inc.

© 2002 Editorial Caribe, Inc.
Una división de Thomas Nelson, Inc.
Nashville, TN—Miami, FL EE.UU.
www.caribebetania.com

Título en inglés: *Receiving the Word of the Lord: Bringing Life to Your Prophetic Word*
© 1999 por Chuck D. Pierce y Rebecca Wagner Sytsema
Publicado por Wagner Institute for Practical Ministry

A menos que se señale lo contrario, todas las citas bíblicas
son tomadas de la Versión Reina-Valera 1960
© 1960 Sociedades Bíblicas Unidas en América Latina.
Usadas con permiso.

Traductor: Dr. Guillermo Vásquez

ISBN: 0-88113-622-0

Reservados todos los derechos.
Prohibida la reproducción total
o parcial en cualquier forma,
escrita o electrónica, sin la debida
autorización de los editores.

Impreso en EE.UU.
Printed in U.S.A.
2ª Impresión

Contenido

	Introducción	7
Capítulo 1	Dios habla	9
Capítulo 2	¿Qué es profecía?	13
Capítulo 3	Las funciones, proceso y valor de la profecía	21
Capítulo 4	Cómo probar la palabra profética	31
Capítulo 5	Cómo responder a la profecía	39
Apéndice	¿Qué es Global Harvest Ministries?	45

Introducción

Escuchar la voz de Dios no es tan difícil como algunos piensan. He descubierto que mucha gente del pueblo de Dios le oye, pero no percibe que es su voz. Percibir significa asirse, sentir, comprender, aferrarse mentalmente, reconocer, observar, o tener el conocimiento de algo mediante el discernimiento. Debemos aprender a percibir la voz de Dios, lo cual nos ayudará a entender su voluntad para nuestras vidas. Actuar de acuerdo a lo que hemos discernido como su voluntad hasta hacerlo realidad es la clave para una vida cristiana victoriosa.

El comunicarse con un Dios santo, que le hablemos y que él nos hable es el mayor privilegio que tenemos sobre la tierra. Mi vida se ha convertido en una en la cual siempre escucho la voz del Señor que no solo me habla a mí sino que también me habla para otros. Mi más grande deseo es que cada persona escuche la voz de Dios, acepte su palabra, y cumpla el propósito que Dios tiene para ellos.

Mi oración es que este sencillo libro le de los principios para escuchar a Dios a través de la profecía, le muestre cómo probar y evaluar la palabra profética y le ayude a saber lo que tiene que hacer con lo que Dios le ha hablado. ¡Que mientras lea este libro usted pueda reconocer la Voz que le da vida y vida en abundancia!

Chuck D. Pierce
Colorado Springs, Colorado

1

Dios habla

Cuando me di cuenta por primera vez que Dios tenía voz y que en realidad hablaba a la gente, tenía ocho años de edad. Mi piadosa abuela me llevaba a una pequeña iglesia bautista en el este de Texas, donde vivíamos. En esa iglesia había una dama, la señora Grimes, quien hacía algo muy peculiar. Justo en medio del mensaje del predicador, la señora Grimes se ponía de pie y agitaba sus manos. Siendo una iglesia bautista, esta era una conducta muy extraña. Sin embargo el predicador suspendía su mensaje y le preguntaba qué pasaba. La señora Grimes decía: «¡El Señor me está hablando!». Entonces el pastor decía: «Díganos lo que le está diciendo». La señora Grimes nos contaba lo que ella oía del Espíritu de Dios y cómo eso afectaba a la iglesia.

Me sentía absolutamente fascinado que este Dios de quien hablaba el predicador, pudiera en realidad hablar a la gente ahora. Yo miraba a mi abuela y le decía: «Si Dios puede hablar a esa mujer, yo quiero que me hable a mí también». Mi abuela me miraba como se mira a un típicamente impetuoso muchacho de ocho años, y me decía: «¡Tendrás que aprender a estar tranquilo y permanecer quieto para que Dios alguna vez te diga algo!»

Mi día de salvación

Desde ese momento ya no hubo la menor duda en mi mente que Dios tenía una voz. Lo había comprobado a través de la señora Grimes, y lo comprobaba en las historias bíblicas que oía en la Escuela Dominical. Sin embargo, nunca había oído que Dios me hablara directamente. Pero cuando tenía once años, el Espíritu del Señor vino a mí durante un servicio de la iglesia, y me dijo claramente: «Este es tu día». Fue mientras seguía a su Espíritu hasta el altar y rendía mi vida, que supe cómo en ese momento Dios me hablaba.

Al estudiar mi Biblia más tarde, comprendí que Dios tiene un día de salvación para cada uno de nosotros (lea 2 Corintios 6.2). Comprendí que todos podíamos llegar a nuestro día de salvación oyendo la voz de Dios que habla a nuestro espíritu muerto en nuestras transgresiones. Cuando respondemos a su voz y dejamos que su voz ilumine la verdad en nuestro espíritu que está en tinieblas, llegamos a nuestro día de salvación. En realidad, ninguno de nosotros se ha salvado sin que la voz de Dios le haya hablado. Podemos no oír una voz audible, pero porque solamente Dios puede iluminar la verdad de la salvación, ¡todo el que ha tenido una experiencia de salvación y sabe que Jesús es su Señor y Salvador, ha oído la voz de Dios, sea que lo haya o no lo haya entendido así en ese momento!

«Te restituiré»

Aunque había sido salvado, tenía un difícil y a menudo traumática y abusada infancia. Nuestra familia había sufrido grandes pérdidas y aflicciones. Pero cuando tenía 18 años, el Señor me habló claramente y me dijo: «Te restituiré los años que has perdido». Nunca había leído eso en la Biblia, pero mientras lo leía más profundamente, aprendí que la voz de Dios tenía el poder de restaurar (lea Joel 2.25). Toda mi vida cambió desde ese instante. Dios me ha sanado, liberado y restaurado de muchas maneras milagrosas.[1] La voz de Dios tiene gran poder para sacarnos de las ruinas de nuestro pasado y ponernos en el camino que él ha ordenado para nuestras vidas.

La voz de Dios es creativa

En el relato de la creación que leemos en Génesis, vemos que el instrumento creativo que Dios usó una y otra vez fue su voz. Dios *habló* en el caos y la luz fue. *Habló* otra vez y la luz se separó de las tinieblas, creando el día y la noche. El poder de su voz creó los cielos y la tierra y todas las criaturas que llenaron la tierra y los mares.

La voz de Dios es tan poderosa que puede dividir la substancia. Con el poder de su voz, la substancia puede ser hecha de diferentes formas. Dios hizo la tierra con su voz creativa y de esa tierra formó a los seres humanos. Nuestro ser es, por eso, un producto de su voz creativa.

Jesús habla

Jesús era Dios que como hombre vino a la tierra para redimir a la raza humana y presentarnos el carácter total de Dios. Parte de ese carácter fue el poder de su voz. Cuando Jesús hablaba, sucedían cosas. Su ministerio público comenzó en Juan 2 cuando él y su madre asistían a una boda. Cuando se acabó el vino en esa fiesta de boda, la madre de Jesús les dijo a los sirvientes: «*Haced todo lo que os dijere*» (Juan 2.5). Fue la voz creativa de Jesús (la voz creativa de Dios a través de Jesús como Dios y como hombre), que cambió el agua en vino.

Consideremos cómo Dios habló para levantar a Lázaro de los muertos. Habló a la tumba y al sudario de muerte que rodeaba a Lázaro y les ordenó soltar a Lázaro y dejarle ir. Cuando Jesús habló, el proceso de la vida que se había detenido comenzó a fluir nuevamente en el cuerpo de Lázaro luego de cuatro días de muerte y putrefacción.

El Espíritu Santo habla «a» y «a través de»

El Espíritu Santo comenzó a operar en una manera nueva en el capítulo transicional de Juan 20. Jesús ya había sido crucificado, muerto y resucitado de los muertos, pero todavía no había subido al cielo. Jesús sabía que tenía que equipar a sus discípulos con poder, para que cumplieran su misión en la tierra, porque él iba al Padre. Así que en Juan 20.22, leemos que «*sopló y les dijo: Recibid el Espíritu Santo*».

Cuando el Espíritu Santo estuvo en ellos, comenzó a hablarles *a* ellos y *a través* de ellos, de manera continua. El Espíritu Santo les habló muchas veces, incluso cuando Pedro recibió instrucciones para ir a casa de Cornelio. Pero la profecía nació de una manera completamente nueva cuando el Espíritu Santo comenzó a hablar a *través* de ellos de una manera constante. En el libro de los Hechos, en el relato de Esteban, leemos: «*no podían resistir a la sabiduría y al Espíritu con que hablaba*» (Hechos 6.10). Aquí el Espíritu Santo habló *por medio* de Esteban.

Cuando Dios nos formó con su voz creativa, nos hizo a su imagen, conforme a su semejanza y nos dio señorío sobre toda la tierra (lea Génesis 1.26). Porque fuimos creados a su imagen y hemos sido redimidos por Cristo, por eso tenemos la capacidad, por el poder del Espíritu Santo, de ser la voz de Dios en la tierra. Eso es en definitiva lo que es la profecía.

---

[1] Un relato más completo de esta historia, se encuentra en mi libro: *Possessing Your Inheritance*, (Renew Books, 1999).

2

¿Qué es profecía?

Y en los postreros días, dice Dios, Derramaré mi Espíritu sobre toda carne, y vuestros hijos y vuestras hijas profetizarán; Vuestros jóvenes verán visiones, y vuestros ancianos soñarán sueños» (Hechos 2.17)

¿Es la profecía para hoy?

LA MAYORÍA de los cristianos de los Estados Unidos crecieron en iglesias que no aceptan la idea de que Dios nos habla ahora. Nos enseñaron «cesacionismo» que significa que los dones de poder de sanidad, lenguas, interpretación de lenguas, milagros y otros cesaron en algún momento del primer siglo. Uno de los dones que presuntamente dejó de funcionar fue el de la profecía. Lo cual básicamente significa que Dios dijo todo lo que tenía que decir allá por el año 95 A.D. y que desde entonces ha guardado silencio. Los que sostienen esta línea de pensamiento creen que la profecía desapareció cuando se completaron las Escrituras. Basan su creencia en 1 Corintios 13.8-9 que dice que la profecía, las lenguas y el conocimiento dejarán de ser. Sin embargo, Pablo nos anima en el siguiente capítulo a desear la profecía (1 Corintios 14.1). Él no dijo que estos dones serían reemplazados por otros, ni que desaparecerían antes de la segunda venida de Cristo. En efecto, en Efesios 4 Pablo escribe: «*Y él mismo constituyó a unos, apóstoles; a otros, profetas; a otros, evangelistas; a otros, pastores y maestros, a fin de perfeccionar a los santos para la obra del ministerio, para la edifica-*

ción del cuerpo de Cristo, *hasta que todos lleguemos a la unidad de la fe y del conocimiento del Hijo de Dios, a un varón perfecto, a la medida de la estatura de la plenitud de Cristo*» (Efesios 4.11-13). En este pasaje vemos que estos dones han sido dados *hasta* que lleguemos a la unidad y a la estatura de la plenitud de Cristo. En ningún momento de la historia de la iglesia hemos alcanzado esas cosas. Por eso, basados en las palabras de Pablo, esos dones, incluyendo la profecía siguen operando hoy en día.

¿Cómo puedo saber la voluntad de Dios?

La Biblia define claramente que Dios tiene un propósito y un plan para nuestras vidas. Cualquier erudito bíblico estará de acuerdo en que eso no terminó en el primer siglo. Pero si tuviéramos un Dios que no nos habla, sería difícil discernir cuál es ese plan. Muchos de nosotros hemos leído libros o escuchado mensajes sobre cómo conocer la voluntad de Dios. Esos libros están llenos de buenos principios que podemos seguir. Sin embargo, es un hecho que la Biblia solamente da un verdadero principio que debemos seguir al tratar de determinar cuál es la voluntad de Dios para nosotros. En la Biblia cuando alguien quería saber la voluntad de Dios, le preguntaban a él, ¡y él les contestaba!

Dios *sí* habla a su pueblo. Pero si estamos empecinados en una manera de pensar que insiste en decir que Dios no habla hoy podemos deducir que es solo producto de la imaginación. La verdad es que lo profético no es un opcional extra en la vida cristiana. Lo profético no es un opcional extra en la iglesia. Amos 3.7 va aún más lejos cuando dice: «*Porque no hará nada Jehová el Señor, sin que revele su secreto a sus siervos los profetas*».

A través Biblia Dios se comunicó con su pueblo. En 1 Corintios 12 Pablo les recuerda a los gentiles que ellos una vez adoraron a ídolos mudos. ¡Qué cosa más absurda es adorar algo que no puede comunicarse con nosotros! Nuestro Dios, sin embargo, no es como los ídolos mudos. Sin embargo, nuestro Dios constantemente derrama sobre nosotros una nueva revelación y continuamente habla a su pueblo. Es un Dios que nos ama tanto que desea comunicarse con nosotros.

¿Qué es profecía?

La definición de profecía es muy simple. La profecía es hablar dando a conocer la mente de Dios mediante la inspiración del Espíritu Santo. La profecía es el fluir del corazón y de la misma naturaleza de Dios. Apocalipsis 19.10 nos dice que el testimonio de Jesús es el espíritu de la profecía. Jesús se preocupa de su Iglesia y él, por lo tanto tiene cosas que quiere comunicarle a ella. Esas comunicaciones vienen por medio del Espíritu Santo. Esto es profecía. Es lo que Jesús está diciéndole a su Iglesia.

El testimonio de Jesús que es la profecía no es solamente una promesa corporativa. Jesús dice que sus ovejas conocen su voz (Juan 10.4). Si usted es una de sus ovejas usted tiene la capacidad, la aptitud y el privilegio de escuchar la voz de su Pastor que viene por medio el Espíritu Santo.

Cómo entender a los profetas

A través de la Biblia encontramos varias palabras hebreas y griegas que son traducidas como «profeta». Al entender cómo obra la profecía en nuestro tiempo es de mucha ayuda conocer los diferentes tipos de profetas y de profecía enseñados en la Palabra de Dios. Demos una mirada a algunos de los varios nombres que usa la Biblia para describir al profeta:

1. Nabi. Esta es la palabra hebrea generalmente usada para profeta. Significa uno que proclama, anuncia, declara, comunica, un orador, un heraldo. Esta palabra también significa un mensaje sobrenatural que aparece o surge. *Nabi* es la palabra usada en 1 Samuel 3.20: «*Y todo Israel, desde Dan hasta Beerseba, conoció que Samuel era fiel profeta de Jehová*». Puede ser masculino o femenino y puede referirse a un profeta de Dios o a un falso profeta que trae mensajes contrarios al carácter o voluntad de Dios.

2. Rohe. Esta palabra hebrea significa «vidente». Un ejemplo es 1 Samuel 9.9: «*Venid y vamos al vidente*». Un vidente es probablemente el más malentendido de los tipos proféticos. Son los que tienen visiones o impresiones visuales. Estos tipos de profetas pueden mirar algo y recibir un mensaje sobrenatural a través de esa imagen. Dios preguntó a muchos de los profetas en las Escrituras: «¿Qué ves?» El Señor ha usado a menudo este método para comunicarse conmigo.

3. Hazon. Esta palabra hebrea se traduce como atalaya. He aquí algunos ejemplos bíblicos de atalayas: «*Puse también sobre vosotros atalayas, que dijesen: escuchad al sonido de la trompeta*» (Jeremías 6.17). «*Hijo de hombre, yo te he puesto por atalaya a la casa de Israel; oirás, pues, tú la palabra de mi boca, y los amonestarás de mi parte*» (Ezequiel 3.17). Un atalaya ve lo que viene. Un atalaya también se mantiene vigilante en palabra del Señor e intercede hasta que se cumple. En 1 Reyes 18, Elías dio la palabra del Señor a Acab de que no llovería por tres años y medio. Al final de ese tiempo Elías intercedió hasta que «vio» la nube que representaba el cambio de Dios de las estaciones. Elías procedió como un atalaya.

4. Profethes. Esta palabra griega significa uno que habla por otro, especialmente uno que habla por Dios. Estos son los que «predicen», lo cual significa que hablan un mensaje vivo de Dios para la hora. En este contexto el profeta usa dones interpretativos para predecir la voluntad y el consejo de Dios. Esta palabra también significa uno que puede «predecir» o dar una visión de los acontecimientos futuros. Esta es la clase de profeta que se menciona en Mateo 2.5, quien predijo que el Salvador saldría de la ciudad de Belén.

La clave para profetizar

El Espíritu Santo es nuestra clave para escuchar a Dios. En la Biblia, tanto en el Antiguo como en el Nuevo Testamento, cuando el Espíritu Santo venía la profecía fluía. He aquí unos pocos ejemplos: «*Entonces el Espíritu de Jehová vendrá sobre ti con poder, y profetizarás con ellos, y serás mudado en otro hombre*» (1 Samuel 10.6); «*Y vino el Espíritu de Dios sobre los mensajeros de Saúl, y ellos también profetizaron*» (1 Samuel 19.20); «*y cuando posó sobre ellos el espíritu, profetizaron, y no cesaron*» (Números 11.25): «*Y habiéndoles impuesto Pablo las manos, vino sobre ellos el Espíritu Santo; y hablaban en lenguas, y profetizaban*» (Hechos 19.6).

¡Pero el ministerio del Espíritu Santo mediante la profecía no terminó en el primer siglo! En muchos relatos de avivamientos a través de la historia de la Iglesia, cuando el Espíritu Santo vino con poder, surgió la profecía. En efecto, una de las señales de la presencia del Espíritu es la profecía.

¿Por qué es importante la profecía?

La profecía es importante porque Dios nos lo dice. Es así de simple. He aquí tres razones que encontramos en la Biblia que nos ayudan a entender el corazón de Dios sobre este importante don:

1. Debemos procurar profetizar. «*Seguir el amor; y procurad los dones espirituales, pero sobre todo que profeticéis*» (1 Corintios 14.1). En la versión inglesa de la Biblia, King James, este versículo dice que debemos codiciar la profecía. ¿Saben que la profecía es lo único en toda la Biblia que debemos codiciar? ¿Y qué pasa cuando usted codicia algo? Usted piensa en eso todo el tiempo. Lo desea. Piensa en qué hacer para conseguirlo. Así es como debemos procurar la profecía.

Apocalipsis 2 y 3 contiene las palabras de Jesús para las diferentes iglesias. Jesús da diferentes amonestaciones, diferentes promesas y diferentes mensajes a cada una de las siete iglesias enumeradas en esos pasajes. Sin embargo, hay algo que no difiere y es lo Jesús ordenó: «El que tiene oídos oiga lo que el Espíritu dice. Debemos procurar profetizar.

2. **Dios nos advierte a no rechazar la profecía.** «*No menospreciéis las profecías. Examinadlo todo; retened lo bueno*» (1 Tesalonicenses 5.20-21). Cuando Pablo escribió a la iglesia de Tesalónica ellos estaban todavía tiernos en el Señor. Estaban comenzando. Cuando algo está en sus etapas iniciales, las cosas no son siempre como deberían ser. Por nuestra inmadurez y falta de entendimiento pueden suceder cosas raras. Cuando surgen cosas raras, hay una tendencia a decir que algo (en este caso la profecía) es más problema que lo que vale. Pero Pablo dice: no. No lo rechacen, no ahoguen el Espíritu. Permitan que suceda, pruébenlo todo y retengan lo bueno.

La Biblia también nos dice que no despreciemos las lenguas. La relación entre profecía y lenguas es frecuentemente malentendida. Dicho de una manera simple cuando una lengua es interpretada, se convierte en profecía.

3. **La profecía libera la vida y el poder de Dios.** Como vimos en el capítulo uno, la Palabra de Dios tiene poder creativo. Cuando Ezequiel vio los huesos secos, el Señor le dijo que profetizara sobre ellos.

«*Profeticé, pues, como me fue mandado; y hubo un ruido mientras yo profetizaba, y he aquí un temblor; y los huesos se juntaron cada hueso con su hueso. Y miré, y he aquí tendones sobre ellos, y la carne subió, y la piel cubrió por encima de ellos; pero no había en ellos espíritu. Y me dijo: Profetiza al espíritu, profetiza, hijo de hombre, y dí al espíritu: Así ha dicho Jehová el Señor: Espíritu, ven de los cuatro vientos, y sopla sobre estos muertos y vivirán. Y profeticé como me había mandado, y entró espíritu en ellos, y vivieron, y estuvieron sobre sus pies; un ejército grande en extremo»* (Ezequiel 37.7-10).

Cuando la palabra profética de Dios es dicha no solamente lo iluminará o dará información sino que liberará en usted la vida y el poder. ¡La profecía cambia situaciones!

Cómo entender el don

El Espíritu Santo nos equipa para cumplir los propósitos de Dios en la tierra. Esto es lo que dice 1 Corintios 12, 13, y 14. Muy a menudo estos capítulos están separados unos de otros en la enseñanza que recibimos. Pero lo cierto es que fueron escritos juntos y fluyen juntos para ayudarnos en el entendimiento de los dones espirituales y cómo estos deben operar en el cuerpo de Cristo. Miremos este pasaje a la luz del don de profecía.

El cuerpo de Cristo trabaja precisamente de esta manera, es un cuerpo en el cual cada parte tiene una función y un propósito que trabajan en conjunto para operar correctamente. Esto se explica con algún detalle en 1 Corintios 12. Hay, sin embargo, ciertos dones que deben desearse en el cuerpo uno de los cuales es el de profecía.

Partiendo de ese punto, Pablo entra en un discurso sobre las obras e importancia del amor. Llega a decir: «*Y si tuviese profecía... y no tengo amor, nada soy*» (1 Corintios 13.2).

De allí pasa a decir: «*Seguid el amor; y procurad los dones espirituales, pero sobre todo que profeticéis*» (1 Corintios 14.1). La profecía piadosa no puede separarse del amor. En efecto, la verdadera profecía sale de un corazón de amoroso, aun cuando las palabras sean de corrección. La base para entender el don de profecía es entendiendo el amor.

3

Las funciones, proceso y valor de la profecía

Las cinco funciones dinámicas de la profecía

HABIENDO PLANTEADO un entendimiento básico de lo que es la profecía, demos ahora una mirada a lo que la profecía hace. En 1 Corintios 14, vemos que hay diferentes propósitos para la profecía. Aquí está una lista de cinco funciones que la profecía debe cumplir:

1. Consolación. Consolar es tranquilizar, dar seguridad, alegrar, brindar un sentimiento de alivio del dolor o la ansiedad, atenuar una pena o la aflicción, y dar fortaleza y esperanza por medio de la bondad y la atención amable. Dios es el «*Padre de misericordias y Dios de toda consolación, el cual nos consuela en todas nuestras tribulaciones, para que podamos también nosotros consolar a los que están en cualquier tribulación, por medio de la consolación con que nosotros somos consolados por Dios. Porque de la manera que abundan en nosotros las aflicciones de Cristo, así abunda también por el mismo Cristo nuestra consolación*» (2 Corintios 1.3-5).

Dios anhela consolar a sus hijos que sufren. Anhela hablarles de una manera que les dé esperanza y fortaleza. Esta es una de las funciones básicas de la profecía que todos los creyentes deben recibir y entregar a otros. ¡Una palabra profética de consuelo dicha en el momento preciso puede desvanecer el desaliento, la desesperanza y la angustia!

2. Edificación. Edificar significa instruir, beneficiar, levantar, ilustrar o construir. 1 Corintios 14 está lleno de la correlación entre la profecía y la edificación de lo cual depende la edificación del carácter cristiano. Una palabra profética, por lo tanto, puede contener elementos de enseñanza o puede traer una nueva revelación a nuestra mente y espíritu. La palabra profética puede traer instrucción específica, o puede traer un sentido de fortalecimiento en alguna área de nuestra vida que haya estado desolada o en ruina. Todos estos son tipos de edificación que bien podríamos recibir de una palabra profética.

1 Corintios 8.1 nos dice que el amor edifica. Puesto que el amor es la base de la profecía, todas las verdaderas profecías tienen un elemento de edificación.

3. Exhortación. Exhortar es urgir, aconsejar, amonestar, recomendar o advertir. Una palabra profética que exhorta, por lo tanto, puede edificar o derribar. La exhortación puede ser difícil de recibir. Puede no ser la palabra de consuelo que esperábamos. Aun así, las palabras de exhortación son vitales puesto que nos dan a conocer el máximo propósito de Dios. Aun la palabra difícil de exhortación que se entrega en el espíritu debido nos deja con un sentimiento de alivio y libertad. La profecía no debe dejarnos confundidos o con sentimiento de condenación sino más bien con un sentido de dirección y con la manera de escapar de la esclavitud.

4. Redención. Una de las funciones más hermosas y básicas de la profecía es hacernos ver que la redención viene a nuestras vidas. La revelación del corazón de Dios a través de la Biblia nos demuestra que quiere redimirnos del poder del pecado y de la muerte. Puesto que profetizar es escuchar la mente de Dios bajo la inspiración del Espíritu Santo, la conclusión lógica es que la profecía debe ser redentora.

Hace una década que un joven llamado Jon recibió una palabra así de mi buena amiga Cindy Jacobs. Jon era un buen esposo y padre, muy responsable y buen proveedor de su familia. Asistía todos los domingo a la iglesia y trataba de hacer lo mejor para servir a Dios. Sin embargo Jon era un alcohólico en secreto. Era un alcohólico funcional lo cual quiere decir que cuando estaba embriagado pocas personas a su alrededor lo sabían. Puesto que podía tolerar bien el licor podía mantener en secreto el hecho de que difícilmente podía pasar un día sin beber. Además, era adicto a masticar tabaco. Él sabía que estas cosas estaban mal y había buscado la ayuda de Dios para sanidad.

Durante este tiempo en su vida asistió a un retiro de fin de semana dirigido por Cindy. Una noche Jon estaba sentado tranquilamente en la parte de atrás del lugar mientras Cindy daba palabras personales de profecía. Él creía que Dios no tendría nada que decirle pero para su sorpresa Cindy lo señaló y le pidió que pasara adelante. Mientras se dirigía hacia Cindy sintió que estaba en un aprieto pues pensaba que Dios lo iba a reprender públicamente. Pero cuando Cindy le entregó la profecía ¡no podía creer lo que estaba oyendo! ¡Ella le dijo que el Señor le había dado un corazón de pastor y que iba a usarlo en el futuro para que para hacer cosas grandiosas para el Reino de Dios!

Jon estaba asombrado. No hubo ni una sola palabra de reprensión. No fue divulgada su vida secreta. Cindy le había profetizado sobre el propósito de su vida en vez de sus adicciones. Las palabras fueron tan poderosas que Jon fue liberado por completo esa misma noche del alcoholismo y de la adicción al tabaco. Ahora Jon es un anciano de autoridad en su iglesia, un líder de un grupo de células, y está involucrado activamente en implementar estrategias para tomar la ciudad donde vive. Jon dirá que el punto crucial en su vida fue la noche cuando Dios le mostró su propósito redentor en lugar de condenarlo por sus fracasos. ¡Esa es la profecía redentora en acción!

5. Dirección. Como podemos ver a través de toda la Biblia los profetas son dados para brindar dirección al pueblo de Dios. conozco a mi co-autora Rebecca Sytsema por muchos años. Al comienzo de los años 90 los dos servíamos en el personal de

Cindy Jacobs como Generales de Intercesión. Durante ese tiempo Rebecca atravesó por un período de dos años de sanidad intensiva de muchas cosas que afectaban su vida. Yo sabía que el proceso de sanidad la había llevado al punto en que estaba lista para casarse. A comienzos de 1994 nos estábamos preparando para ir a una conferencia en California. Un día la miré y le dije: «Tú necesitas estar en esa conferencia. Dios tiene un esposo esperándote allí». Mis palabras confirmaron un sentimiento que ella había tenido desde hacía una semana antes pero no había hecho aun las reservaciones del hotel. Inmediatamente alcé el teléfono y llamé al hotel donde nos íbamos a hospedar los demás. Me dijeron que no quedaban habitaciones disponibles. Simplemente dije a la mujer que me contestó por teléfono que primeramente, el padre de Rebeca, Peter Wagner estaba a cargo de la conferencia y segundo, que su esposo estaría esperándola allí. La mujer que estaba al teléfono volvió a revisar la lista y encontró una habitación. Fue en esa conferencia que Rebeca conoció a Jack Sytsema, la pareja perfecta que Dios tenía para ella. Dos años más tarde tuve el privilegio de oficiar su boda.

Este es un caso en el que Dios dio una clara palabra de dirección y luego mostró la manera para que esta profecía se cumpliese.

El proceso de la profecía

Además de las funciones de la profecía es importante entender el proceso de la misma, es decir la manera cómo esta funciona en nuestras vidas continuamente. Estos son los tres elementos importantes en el proceso de la profecía en nuestras vidas:

1. La profecía es incompleta. «*Porque en parte conocemos y en parte profetizamos*» (1 Corintios 13.9). Ninguna palabra de profecía personal o corporativa es completa en sí misma. En su excelente libro: *Developing Your Prophetic Gifting* (Desarrollando sus dones proféticos), Graham Cooke dice: «Dios solamente revela lo que necesitamos conocer para hacer su voluntad en el tiempo y lugar determinado. Las cosas que no desea que conozcamos las mantiene en secreto ante el que profetiza. Eliseo dijo: *"Jehová me ha encubierto el motivo y no me lo ha revelado* (2 Reyes 4.27). en otras palabras, No sé"»[1]

Dios puede darnos un poco aquí y un poco allá. En forma retrospectiva. Podemos preguntarnos por qué Dios no nos dijo esto o aquello o por qué nos dijo algo aparentemente sin importancia. Dios siempre sabe lo que está haciendo cuando nos revela su corazón mediante la profecía. Eso es algo en lo que debemos simplemente confiar. Sin embargo, debemos recordar que no sabemos con que nos podemos encontrar o de que manera han de cumplirse las profecías. La profecía puede señalar un camino pero debemos seguir al Señor diariamente y confiar en él mientras seguimos adelante por ese camino.

2. La profecía evoluciona. Cuando seguimos al Señor en obediencia él nos proporcionará la siguiente parte. Él no nos dirá lo que desea que hagamos cuando nos hemos adelantado en el camino. El nos da instrucciones paso a paso. Eso es lo que pasó con Abraham. Dios le dio un poco aquí y otro poco allá. Cada vez que Abraham obedecía Dios le hablaba nuevamente hasta que lo llevó al conocimiento pleno de todo lo que tenía que hacer. Dios confirmó, expandió, le dio nuevas visiones y lo llevó hasta el siguiente lugar.

Esta es la manera en que obra la profecía. Cada palabra profética es incompleta sin embargo, a medida que somos fieles para obedecer a Dios, recibimos nuevas piezas del rompe cabezas. Las profecías se edifican sobre profecías anteriores para traer confirmación y nuevo entendimiento.

3. La profecía es provisional. La clave para el proceso de profetizar es obediencia. Dios no usurpará nuestra voluntad ni nos obligará a hacer la suya. María, por ejemplo, podía haber dicho no al pronunciamiento profético de que quedaría embarazada. En vez de eso ella respondió diciendo: «*He aquí la sier-*

va del Señor; hágase conmigo conforme a tu palabra» (Lucas 1.38). Si hubiera dicho no, el Espíritu Santo nunca la habría obligado a quedar embarazada. Aunque ella no entendió completamente cómo podía suceder esto ni captó la magnitud de aquello para lo cual había sido escogida, aún así, sabía que por medio de la palabra profética Dios le había revelado su propósito para su vida. Por su decisión a obedecer la palabra se cumplió y la raza humana ha sido bendecida desde entonces.

El valor de la profecía

La profecía es un maravilloso don que Dios ha dado a su iglesia. Está llena de importantes beneficios para nosotros, tanto individual como corporativamente. He aquí una lista de algunos de los valores que tiene el recibir este don en nuestras vidas y en la vida de la iglesia:

1. **La profecía trae sanidad.** Proverbios 25.11 dice: «*Manzana de oro con figuras de plata es la palabra dicha como conviene*». El aceptar el consuelo y la edificación disponibles por medio de la profecía puede curar un corazón roto. Como dice Graham Cooke: «Los sufrimientos, las heridas, los rechazos y los traumas emocionales son parte de nuestras vidas tanto antes como después de la salvación. Las buenas noticias son que servimos a un Dios que está comprometido con nuestra sanidad a todo nivel (físico, mental, emocional). La meta de Dios es la totalidad de la vida y la plenitud del Espíritu. La profecía nos lleva por medio de la comunicación verbal directa a un contacto con la verdadera perspectiva de Dios en nuestras vidas y en nuestras situaciones actuales»[2]

2. **La profecía profundiza nuestra relación con Dios.** Cuando meditamos en cómo al Dios de toda la creación se preocupa tanto como para enviarnos un mensaje personal de su corazón, no importa cuál sea la función de la profecía esta causa que nos detengamos a pensar sobre el valor que para él tenemos. El re-

cibir su palabra trae una nueva apreciación del profundo amor de Dios y de su cuidado por nosotros. Nos recuerda nuestra posición con él. Como en cualquier relación la comunicación es la clave para llegar a niveles más profundos. Cuando Dios se comunica con nosotros y nosotros le respondemos nuestra relación llega a ser más profunda y más significativa.

3. La profecía provee dirección y visión renovada. Cuando recibimos la palabra profética de Dios logramos tener un entendimiento más claro de hacia dónde Dios nos dirige. Cuando sabemos hacia dónde nos dirigimos esto hace que nos enfoquemos y pensemos más en los planes y metas que Dios tiene para nosotros. Una nueva emoción y visión son muchas veces los resultados directos de la palabra profética que nos guía.

4. La profecía nos da discernimiento bíblico. Como veremos en el próximo capítulo la profecía debe estar de acuerdo con la Palabra escrita de Dios. Siendo ese el caso la revelación que viene por medio de la profecía muchas veces nos dará un nuevo discernimiento e inspirará un entendimiento más profundo de los misterios de la Biblia. Pablo dice que podemos obtener «*conocimiento en el misterio de Cristo, misterio que en otras generaciones no se dio a conocer a los hijos de los hombres, como ahora es revelado a sus santos apóstoles y profetas por el Espíritu*» (Efesios 3.4-5). La profecía servirá a menudo como un catalizador para entender las verdades bíblicas que aun no hemos visto o entendido.

5. La profecía confirma. Dios tiene muchas maneras para comunicarse con nosotros. Puede ser a través de la lectura de las Escrituras o a través de escuchar un mensaje o a través del consejo de un amigo. Dios se deleita en confirmarnos su mensaje. A menudo usará la profecía para comunicarnos algo que pudimos haber oído antes de alguna otra forma.

6. La profecía puede advertir. Dios no quiere que estemos atrapados por nuestro pecado o por las artimañas del diablo. La profecía entregada con amor puede advertirnos que nuestro pecado resultará en calamidad y desesperación más adelante si no nos arrepentimos y nos volvemos a Dios. La profecía puede también advertirnos de las trampas que el enemigo nos ha tendido. Después del nacimiento de Jesús, los sabios fueron advertidos de no regresar a Herodes (Mateo 2.12). Entonces María y José fueron proféticamente advertidos para que huyeran a Egipto y permanecieran allí hasta que el Señor les hablara otra vez a fin de evitar que Jesús cayera en la conspiración que Herodes había urdido para matarlo (Mateo 2.13). Pablo fue advertido por Jesús en Hechos 22.18: «*Date prisa, y sal prontamente de Jerusalén; porque no recibirán tu testimonio acerca de mí*». Puesto que Dios ve el propósito que tiene para nosotros, a menudo usa la palabra profética para advertirnos de los lazos que el enemigo nos ha puesto para destruir nuestros propósitos.

7. **La profecía puede traer salvación.** Como mencioné en el capítulo uno cuando tenía 11 años escuche la voz del Señor que me decía: «Este es tu día». Ese fue el día de mi salvación. Toda salvación es resultado de oír la voz del Señor en algún nivel. Sin embargo, hay momentos cuando el Señor habla claramente. Graham Cooke dice: «He visto a muchos ateos y agnósticos tocados por Dios a través de la profecía. Es la obra del Espíritu Santo convencer de pecado (Juan 16.8-11). La profecía puede descubrir la historia pasada cuando las necesidades lo ameriten. La profecía puede proveer una agenda para el arrepentimiento, restitución y avivamiento»[3]

8. **La profecía da lugar a nuevas prácticas en la iglesia.** No hay nada nuevo bajo el sol pero hay diversas administraciones. La administración del siglo 13 no funcionará en el siglo 21. Por nuevas prácticas no quiero decir una separación del credo de los apóstoles. Pero hay nuevos métodos de operación y administración que Dios está revelando a la Iglesia que irrumpirán en nuevas prácticas y nuevas estrategias que darán resultados en el siglo 21.

9. La profecía provee conocimiento y consejo. Cuando estoy involucrado en una situación de consejería, confío en que la voz profética de Dios me dé el entendimiento que necesito para poder brindar sabiduría de Dios. El Señor a menudo me revela cuál es la raíz del problema, y me da una palabra profética a fin de descubrir la estrategia que la persona necesita para hacia delante avanzar en el cumplimiento del plan de Dios para su vida. Este ha probado ser un método muy efectivo de consejería.

10. La profecía nos enseña a cómo orar. Cuando sabemos la voluntad de Dios en cierta área tenemos un gran incentivo para nuestra vida de oración. La voluntad de Dios se nos da a conocer a través de lo profético. Ese conocimiento nos da una base para la oración constante y ver su voluntad cumplida en la tierra, como lo es en el cielo.

11. La profecía nos da la estrategia para la batalla. La oración mediante la palabra profética puede involucrar a menudo la guerra espiritual. 1 Timoteo 1.18 dice: «*te encargo, para que conforme a las profecías que se hicieron antes en cuanto a ti, milites por ella la buena milicia*». Josué también recibió instrucción profética para la batalla que iba a librar para ver caer los muros de Jericó (Josué 6.1-5). La profecía puede proveernos la estrategia batallar contra el enemigo que lucha para impedir que los planes de Dios se manifiesten en nuestras vidas.

12. La profecía estimula la fe. La profecía puede cambiar las cosas. Cuando nuestro espíritu recibe una palabra del Señor sabemos que hay esperanza, que hay una manera de ver esa palabra profética cumplida. ¿Recuerdan cómo Jon fue liberado del alcoholismo cuando Cindy le dio una palabra de profecía redentora? ¡La fe de Jon para ver que Dios lo libraría y lo llevaría al cumplimiento del propósito para su vida, ascendió ese día! Ese es el poder que tiene la profecía. En el capítulo cinco trataremos con más detalle la relación que hay entre la profecía y la fe.

---

¹ Graham Cooke, *Developing Your Prophetic Gifting* (Kent, England: Sovereign World, Ltd., 1994) 0.119
² Ibid., pp. 30-31
³ Ibid., pp. 39-40

4

Cómo probar la palabra profética

HAY MUCHAS maneras en que se puede recibir una palabra profética del Señor. Se puede tener una impresión en el espíritu o el Señor puede iluminar un pasaje de la Escritura que tiene particular significado para nuestra vida o se puede tener un sueño profético vívido. La profecía también puede venir cuando alguien comunica sabiduría y consejo que nos da la dirección que buscamos para nuestra vida. Alguien podría decir: «Creo que el Espíritu de Dios te dice esto». La profecía también puede venir por medio de Dios o de seres angélicos que nos visitan y nos dan una revelación sobrenatural. Todos estos son métodos sencillos y bíblicos que Dios usa en diferentes momentos para hablar a sus hijos.

La profecía tiene limitaciones

Hay varias cosas que debemos tener en cuenta cuando comenzamos a recibir palabras proféticas. Debemos entender que la profecía tiene limitaciones que Dios ha establecido para nuestra propia protección. Por ejemplo, en un medio corporativo, Pablo da las siguientes instrucciones: *«Así mismo, los profetas hablen dos o tres, y los demás juzguen»* (1 Corintios 14.29).

Se establece otra limitación en 1 Tesalonicenses 5.19-21: *«No apaguéis al Espíritu. No menospreciéis las profecías. Examinadlo todo; retened lo bueno».* El resto de este capítulo está dedicado a aplicar pruebas a las palabras proféticas a fin de que podamos retener lo que es bueno.

¿Es mi palabra de Dios?

No toda voz que oímos es la del Espíritu Santo. Satanás tiene la habilidad para imitar los dones a fin de traer confusión y desviarnos del curso trazado. Su habilidad para imitar incluye el don de la profecía. Jeremías escribe lo que dice el Señor: «*No envié yo aquellos profetas, pero ellos corrían; yo no les hablé, más ellos profetizaban*» (Jeremías 23.21).

Esto sucede todavía. Hay falsos profetas. Es por eso que se nos aconseja a probar todas las cosas y retener lo que es bueno. Estos son algunos orígenes incorrectos de palabras proféticas de los cuales debemos tener cuidado:

1. Lo oculto. «*Te has fatigado en tus muchos consejos. Comparezcan ahora y te defiendan los contempladores de los cielos, los que observan las estrellas, los que cuentan los meses, para pronosticar lo que vendrá sobre ti*» (Jeremías 47.13). Las fuentes ocultas de profecía incluyen lo psíquico, las cartas tarot, la tabla ouija, la astrología y los horóscopos, los clarividentes, los espiritistas, la percepción extra sensorial, la adivinación y cosas por el estilo. ¡Estas fuentes de pronunciación profética deben ser evitadas completamente!

2. Engaños. «*¿Hasta cuándo estará esto en el corazón de los profetas que profetizan mentira, y que profetizan el engaño de su corazón?*» (Jeremías 23.26).

3. Deseos desenfrenados. Los deseos son una función natural de las emociones humanas. Los deseos están ligados a nuestras aspiraciones, urgencias y expectaciones. Dejados sin control los deseos pueden hacer que nos rebelemos contra la voluntad de Dios en nuestras vidas. ¿Han oído alguna vez a alguien usar la expresión «deseo ardiente»? Muchas veces deseamos tan ardientemente algo, que hasta escuchamos y aceptamos cualquier voz que esté de acuerdo con nuestros deseos. La profecía falsa puede venir a través de un deseo tan desenfrenado que nos impide discernir la voz del Señor de la voz del enemigo o de la voz de nuestra propia carne. La profecía puede surgir de los anhelos del corazón antes que de una palabra pura del Señor.

4. **Manipulación y control.** «*Hijo de hombre, yo te he puesto por atalaya a la casa de Israel; oirás, pues, tú la palabra de mi boca, y los amonestarás de mi parte*» (Ezequiel 3.17). La profecía ha sido usada para tratar de manipular a las personas para llevarlas a hacer cosas que de otra manera no harían. Por ejemplo, alguien podría querer que una persona se casara con aquella otra persona en particular. Esto parece ser algo bueno, tan bueno que Dios debe quererla también, de manera que van al uno y al otro y les dicen: «El Señor dice que debes casarte con fulano, o fulana». El verdadero origen detrás de esa palabra no era Dios, sino un espíritu manipulador y controlador. Hablaremos de esto más adelante.

5. **Inmadurez.** Hay verdaderos profetas que todavía no han madurado en su don que pueden entregar una palabra del Señor mezclada con sus propias emociones. Por lo tanto la palabra es impura. Aquí es donde se necesita cernir para «retener lo bueno».

6. **Sueños falsos.** «*He aquí, dice Jehová, yo estoy contra los que profetizan sueños mentirosos*» (Jeremías 23.32). El enemigo puede imitar sueños proféticos de la misma manera que imita las palabras proféticas. Debemos darnos cuenta que cuando dormimos no estamos completamente activos en nuestro espíritu. Muchas veces el enemigo usará este tiempo para hablarnos palabras falsas.

7. **Demonios.** «*En los profetas de Samaria he visto desatinos; profetizaban en nombre de Baal, e hicieron errar a mi pueblo de Israel*» (Jeremías 23.13). Así como el Señor puede enviar ángeles a profetizar, el enemigo también puede enviar a uno de los

suyos (Baal fue enviado en el ejemplo bíblico dado) para dar una profecía demoníaca.

Cómo juzgar la profecía

Hay muchos orígenes para lo que pudiera parecer profecía de Dios. Entonces ¿cómo podemos saber si lo que se dice es de Dios? ¿Cómo probar la profecía? He aquí una lista que ha sido sacada en parte del libro de Graham Cooke: *Developing Your Profetic Gifting*, y en parte también de mi experiencia en juzgar la profecía:

1. **La palabra recibida ¿edifica, exhorta y consuela?** ¿Cumple las funciones básicas señaladas en el último capítulo? 1 Corintios 14.3 dice que el verdadero propósito de la profecía es edificar, exhortar y consolar. Si la palabra le deja con un sentido de intranquilidad en vez de edificación o siente que algo no está bien no debe recibir la palabra sin haberla probado aun más.

2. **¿Cuál es el espíritu detrás de la profecía?** Alguien podría comenzar a darle una palabra profética sin embargo el espíritu que hay detrás de la palabra puede causarnos mala impresión. Esta pudiera tener un espíritu de condenación. Aun cuando pudiera ser realmente verdadera, si esta produce que nos sintamos abrumados y condenados puede haber necesidad de juzgarla mejor. Recuerden, el espíritu en el que toda profecía debe darse es el amor. Por eso hasta una palabra de exhortación o corrección debe dejarnos con la libertad de restaurar.

3. **¿Confirma la Escritura?** Dios no puede decir una cosa en la Biblia y luego decir lo contrario en una palabra profética. La palabra profética del Señor *siempre* estará de acuerdo con la palabra inspirada y escrita de Dios que nos ha sido dada como guía y como ejemplo. Recuerden, la Biblia no tiene límites ni tiempo. Por lo tanto, encontrarán que los principios y la iluminación de la Palabra de Dios son tan importantes para nosotros ahora como cuando la Palabra fue escrita. En otras palabras, su

ejemplo o principio bíblico puede hallarse tanto en el Antiguo como en el Nuevo Testamento. Pero si alguien nos da una palabra y no encontramos el principio bíblico ejemplo para esa palabra en las Escrituras, por favor, no se apropie de la palabra en su totalidad.

4. ¿Muestra el carácter de Cristo? En su libro *The Voice of God* (La Voz de Dios), Cindy Jacob dice: «A veces lobos vestidos de oveja manipulan las Escrituras para sus propósitos personales. Sólo porque alguien le cita un capítulo y un versículo no significa que esta persona tiene una profecía correcta. Aunque se use la Escritura, otra área que se debe chequear es asegurarse de que el carácter de Cristo brille a través de la palabra profética»[1] Esto, nuevamente, conduce al amor. En adición al amor la palabra profética debe también exaltar a Jesús antes que a una persona o ministerio. Ella debe guiarnos a sus pies antes que a una organización.

5. ¿Es manipulativa o controladora? Aun cuando algunas palabras están llenas de verdad estas pueden manipular o controlar a una persona bajo el deseo de quien suministra la palabra. El control y la manipulación se usan para ejercer poder, abuso, dominio o gobierno sobre otros. Tal palabra carece de amor y de los otros frutos del espíritu por lo cual debe ser descartada.

6. ¿Usurpa nuestra voluntad? ¿Nos indica la palabra profética que debemos hacer esto o aquello? Si es así, esto debe servirnos de advertencia. Dios nos da total libertad hasta la libertad de pecar. La palabra profética debe dejarnos la libertad de escoger aceptarla o derechazarla.

7. ¿Abusa de la autoridad? En otras palabras, ¿la palabra quiere sacarle de la estructura autoritativa en la que Dios le ha puesto? ¿Fomenta rebelión contra la autoridad, produce desconfianza o insubordinación? Dios dio a cada uno de sus hijos una estructura de autoridad en la cual operar. Si la palabra sugiere que se vaya por encima de la autoridad bíblica, ¡recházela!

8. **¿Confirma lo que Dios le está diciendo?** Dios siempre está dispuesto a confirmarnos su palabra. Cuando Dios da una palabra, por lo general la da una y otra vez en muchas formas. La palabra profética a menudo confirma lo que Dios ya nos ha dicho y se ajusta a lo que él está haciendo en nuestra vida.

9. **¿Permite una perspectiva exterior?** Si alguien nos da una palabra profética y nos dice que no la comuniquemos a nadie más, tengamos cuidado. Eso es una violación de la Escritura. Recuerden que 1 Tesalonicenses nos dice que cualquier palabra de Dios debe ser evaluada. El consejo de Dios está siempre en orden especialmente cuando la palabra profética nos dice algo drástico como dejar el trabajo y mudarnos a otra ciudad. Proverbios nos dice que en la multitud de consejo hay sabiduría y eso incluye juzgar lo profético. En efecto, una buena forma de probar la profecía es llevarla a un amigo espiritualmente maduro o a alguien de autoridad en nuestra vida, y pedirles que nos ayuden a juzgar la palabra.

10. **¿Nos da una advertencia espantosa?** Están bien las advertencias pero hay que ver qué clase de advertencia es. ¿Es la advertencia tan horrenda que no tenemos salida y nos produce desesperanza o la advertencia nos muestra una vía de escape? ¿Hay redención?

Cindy Jacobs cuenta la historia de una de tales advertencias que yo profeticé sobre Houston, Texas, en septiembre 21 de 1994. La palabra fue: «*Yo diría que los próximos 24 días son críticos*. Aun cuando el enemigo se ha levantado contra ti como ciudad te he traído a una encrucijada y tú vas a hacer una transición y cruzar. Mis ojos están sobre esta ciudad y el remanente de ella y yo venceré las estructuras que se han levantado contra Mi Espíritu en esta ciudad. La revelación que ha estado oculta comenzará a caer sobre la gente como lluvia. *Miren al río del este*. Como ese río sube, así lo hará mi pueblo.

«"... Atalaya, ¿qué ves? Él respondió: *Veo un fuego.* Es un fuego literal. Fuego en el río. Entonces el Señor dijo: Mi fuego comenzará a venir sobre esta ciudad".

«"Te llamaría a la vigilia de la noche. Reúnanse en la vigilia de la noche. Canten en la noche en las áreas difíciles de la ciudad y el mal será descubierto y vendrá la liberación. Si entran en la vigilia de la noche vencerán a la destrucción inminente y a la condena que pende sobre el área".

«Una de las líderes de oración, Deborah DeGar, llevó la palabra profética de iglesia en iglesia, dirigiendo una vigilia de oración de 3.00 a 6.00 a.m. *Al final de 24 días comenzó a llover en Houston.* Nunca antes hubo una inundación exactamente como esa en la historia de la ciudad. Houston fue puesta ante los ojos de la nación. El río San Jacinto, *(el río del este)* comenzó a subir e inundó todo el territorio. Las tuberías de gas explosionaron debajo del río y el río desbordado *literalmente tenía un fuego que ardía en su interior.* En medio del caos la Iglesia se juntó en una gran unidad.

«En el caso de esta advertencia profética, la inundación no fue evitada, pero no causó el daño que podía haber causado»[2]

11. **¿Cómo se siente en cuanto a la palabra en su espíritu?** Dios nos ha dado a cada uno discernimiento en nuestro espíritu. Si recibimos una palabra profética y no nos parece correcta por cualquier razón, tenemos motivo para examinarla con minuciosidad antes de aceptarla como palabra del Señor.

12. **¿Está confirmada por la iglesia?** Si una palabra es dada en un medio corporativo debe haber una reacción instantánea de la gente y los líderes. Debe brotar un «amén» corporativo. Rebecca Sytsema, mi co-autora una vez se encontraba en una reunión en el Anaheim Vineyard cuando un hombre se levantó para dar una palabra profética. Dijo que el Señor anhelaba cumplir el deseo de los corazones de sus hijos. Dijo que Dios era, en efecto, un Dios que anhelaba hacer realidad aun lo que parece cuentos de hadas. Finalizó sus palabras y se sentó. Cuando con-

cluyó la adoración John Wimber pasó al micrófono. Después de un momento de silencio simplemente declaró: «¡Nuestro Dios no es un Dios de cuentos de hadas!» Una alta ronda de aplausos se levantó de la multitud muchos de los cuales habían discernido que algo no había estado bien con la palabra. Si una palabra fue dada en un medio corporativo, ¿cuál fue la reacción de los líderes y de la congregación? Si parecían reacios a aceptar la palabra debemos considerar hacer lo mismo.

13. ¿Sucedió? «*Si el profeta hablare en nombre de Jehová, y no se cumpliere lo que dijo, ni aconteciere, es palabra que Jehová no ha hablado; con presunción la habló el tal profeta*» (Deuteronomio 18.22). Aquí está, por supuesto, una de las más básicas pruebas de una palabra profética. Recuerden, la profecía puede ser condicional, basada en algo que debemos hacer. Si leen la lista de respuestas que se encuentra en el próximo capítulo y están satisfechos de que han hecho todo lo que Dios les ha pedido respecto a la palabra, y esta todavía no se ha cumplido, puede que no haya sido una palabra del Señor después de todo.

14. ¿Produce fruto? Una verdadera palabra del Señor producirá buen fruto que podremos discernir. En su libro *Prophecy* (Profecía), Bruce Yocum dice: «Si ponemos atención al efecto que los dichos proféticos tienen podemos juzgar su valor. La palabra del Señor producirá vida, paz, esperanza, amor y todos los otros frutos del Espíritu Santo. La palabra que no es del Señor puede producir frutos de maldad: luchas, ira, celos, lujuria, indiferencia o definitivamente no tendrá ningún efecto»[3] ¿Qué clase de fruto ha producido la palabra profética que hemos recibido en nuestra vida? Este será un factor decisivo para que la aceptemos o no como palabra del Señor.

---

[1] Cindy Jacobs, *The Voice of God* (Ventura, CA: Regal Books, 1995), p. 76.
[2] Ibid., p. 181.
[3] Bruce Yocum, *Prophecy*, (Ann Arbor, MI: Word of Life, 1976), p.119

5
Cómo responder a la profecía

UNA VEZ que hemos probado una palabra profética y hemos llegado a la conclusión de que Dios ha hablado a nuestras vidas debemos entonces entender cómo responder a lo que se nos ha dicho. He aquí una lista que puede ser muy útil para tomar decisiones apropiadas:

1. Lleve un diario. Hay una tremenda importancia en escribir, grabar o llevar alguna clase de registro de las palabras proféticas. No confíe solamente en su memoria. Tener un registro de la profecía le ayudará a recordar toda la palabra y ser edificado en la fe cuando vuelva a oír o a leer esa palabra. También podemos ver cómo la palabra que recibimos se ajusta a todo lo que Dios nos ha dicho en el pasado.

Hay ocasiones, sin embargo, cuando no entendemos claramente todo lo que Dios trata de decirnos en el momento en que se nos da la palabra profética. Tener un registro de esa palabra nos ayuda a volver a ella y obtener un nuevo entendimiento más adelante. Por ejemplo, en junio de 1998 me hicieron una fiesta de cumpleaños en la casa de C. Peter Wagner. Cindy Jacobs vino para ayudar en la celebración. Durante la fiesta Cindy comenzó a sentir un espíritu de profecía sobre ella. Peter, quien mantiene un completo diario profético, grabó una cinta. Cindy me dio una hermosa palabra para el nuevo año que comenzaba en mi vida. Luego se volvió a Peter y profetizó que Dios lo llamaba a levantar un seminario que reuniría a líderes de todo el mundo. Y continuó dando varios detalles específicos.

Hasta ese momento un pensamiento como ese ni siquiera había entrado en la mente de Peter. No tenía ningún marco de referencia para tal concepto. Sin embargo, la palabra de Cindy fue transcrita y quedó registrada en la página 67 del diario profético de Wagner. Pocos meses más tarde, Peter se reunió con varios apóstoles de varias corrientes del cristianismo. Durante esa reunión, el Señor habló a Pedro sobre un nuevo concepto para entrenar a líderes de todo el mundo. Fue claro que debía retirarse de su posición como profesor de Fuller Theological Seminary, donde había enseñado por 30 años y comenzar a enseñar en su propia escuela tipo seminario. Al obedecer al Señor, Dios empezó a derramar nueva revelación sobre cómo debía funcionar esa escuela. Más tarde durante ese año, formó oficialmente el Wagner Leadership Institute y el primer estudiante se matriculó en diciembre del mismo año.

Peter pudo volver a la página 67 de su diario y revivir exactamente lo que el Señor le había hablado. En efecto, cuando buscó consejo y estableció el liderazgo para la escuela, pudo distribuir reproducciones de la profecía de Cindy para que los que se involucraron conocieran la palabra que Dios le había dado sobre la nueva aventura.

2. No interprete la palabra de acuerdo a los deseos de su carne.

Muchos de los hijos de Dios se han decepcionado por tomar la palabra profética, añadir su propia interpretación de ella y luego decir que Dios les prometió esto o aquello. Cindy Jacobs nos da la siguiente advertencia: «He tratado con muchas personas solteras que han venido a mí para decirme que Dios les había prometido ciertos y determinados compañeros, pues se los dijeron las profecías. Cuando les pregunté qué dijeron las profecías, me dijeron algo así: "Dios dijo que él me daría los deseos de mi corazón, y esto y aquello son el deseo de mi corazón" Tal interpretación puede ser el deseo de su carne pero Dios no tiene nada que ver con eso en definitiva"¹ Tenga mucho cuidado en tomar una palabra profética y correr en una dirección que Dios no ha ordenado.

3. Aprópiese de la palabra. Apropiarse significa asirse de algo. Cuando nos apropiamos de la palabra profética se activa nuestra fe de tal manera que nos permite ver la palabra cumplida. Recuerde que la fe viene por el oír y el oír por la palabra de Dios (Romanos 10.7). Cuando nos apropiamos de una palabra profética verdadera esta hace que brote la fe en que Dios tiene un propósito para nosotros. Debemos apropiarnos de nuestra palabra profética con la fe en que Dios es más que capaz de hacer lo que dijo que haría. Si Dios ha inspirado la palabra profética él la sostendrá por medio del Espíritu Santo. Aun si hemos recibido una palabra difícil, si la palabra es de Dios, la fe incrementará dentro de nuestro espíritu porque ya sabemos que Dios ha dispuesto un camino para nosotros.

Cuando tenía 18 años el Señor me habló diciendo: «Te he llamado para la sanidad de las naciones». En ese momento, el único marco de referencia que tenía para una llamamiento a las naciones era el de ser misionero, lo cual era algo que yo no quería ser. Por lo tanto, aun cuando quería obedecer a Dios, no me apropiaba de su palabra. Fue después de 10 años que Dios me dio esa palabra otra vez. Esta vez sí acepté su palabra totalmente. Entonces Dios comenzó a mostrarme que no me había llamado para ser misionero sino para ser un intercesor, profeta y estratega para las naciones que él pondría en mi corazón. Entonces comenzó a abrirme puertas para viajar dentro y fuera de las naciones a fin de que pudiera llevar palabra profética y planificar la intercesión estratégica para ver cumplida su voluntad. Si no hubiera estado dispuesto a aceptar su palabra cuando me habló por segunda vez hubiera perdido esa porción de su propósito para mi vida.

4. **Ore por ella.** Puesto que la profecía es provisional, una vez que sabemos lo que Dios quiere hacer en nuestras vidas lo mejor que podemos hacer es orar en pos de ella. Esto no solamente nos ayudará a edificar nuestra relación con Dios y a lograr persistencia en la fe sino que también puede enseñarnos guerra espiritual. El enemigo no quiere ver que la voluntad de Dios se cumpla en nuestras vidas y hará todo lo que pueda para ver que no tengamos éxito en lograr nuestro propósito. Es por eso que debemos dedicarnos a orar por la palabra profética hasta ver que se cumpla. Por ejemplo, he conocido muchas parejas estériles que han recibido palabra profética en cuanto a tener hijos. Pero no concibieron inmediatamente. En algunos casos eso tomó años. Pero cuando decidieron orar por esa palabra con la fe en que Dios es capaz de hacer lo que dice, la atadura de la esterilidad se rompió no solamente en sus cuerpos físicos sino también en sus vidas espirituales.

5. **Obedezca la palabra.** Como mencioné en el capítulo tres, a veces la profecía es provisional. Eso significa que hay algo que debemos hacer para que se cumpla. Hay condiciones que llenar. He aquí un buen ejemplo bíblico: «*Si se humillare mi pueblo, sobre el cual mi nombre es invocado, y oraren, y buscaran mi rostro, y se convirtieren de sus malos caminos; entonces yo oiré desde los cielos, y perdonaré sus pecados, y sanaré su tierra*» (2 Crónicas 7.14) ¿Quiere Dios perdonar el pecado y sanar la tierra de su pueblo? ¡Por supuesto! Pero ellos deben hacer algo para que esta profecía se cumpla literalmente: tienen que humillarse, orar, buscar su rostro, y volverse de sus malos caminos. Algo que nos ha sido profetizado nunca se cumplirá si no llenamos estas condiciones fielmente.

Anteriormente conté la historia de cómo Rebecca tenía que ir a la conferencia para conocer a Jack. Si no hubiera ido a esa conferencia no hubiera conocido al compañero que Dios le tenía escogido. Seguramente Dios hubiera hecho otros arreglos para que se conocieran pero había un asunto de tiempo y oportunidad involucrado en todo eso. Su obediencia a la palabra profética la llevó hacia el tiempo de Dios y el propósito que él tenía para su vida.

6. Busque el cumplimiento de la palabra. Una vez completado los pasos del uno al cinco debemos buscar y esperar que la palabra se cumpla. Juan 1.14 nos habla de la palabra que se hace carne. Ese es un buen ejemplo del cumplimiento de una palabra profética. Dios desea que su palabra se haga carne, que la intangible sustancia de una promesa profética se convierta en una realidad tangible en nuestras vidas. Muchos no ven cumplida su promesa, porque no saben cómo «vigilar» el cumplimiento de su palabra.

¿Puedo yo profetizar?

Aunque no está dentro del enfoque de este folleto el dar una respuesta a esta pregunta, la discusión de la profecía no estaría completa sin una breve mirada a quien puede profetizar. Mientras que no todos somos llamados a ser portavoces de Dios en la tierra, la verdad es que todos profetizamos, ya sea a través de entregar una palabra de aliento, edificar a un amigo, dar un consejo piadoso o dando una palabra profética a sabiendas. Romanos 12.6 dice que nosotros profetizamos conforme a la medida de la fe. ¿Qué medida de fe opera en usted? Quiero animarle para que ahora mismo le pida a Dios que le aumente la fe.

Si es un creyente en el Señor Jesucristo, el Espíritu Santo vive dentro de usted. Puede pedir a ese Espíritu de Dios que hable a través de usted con la convicción de que él puede. También puede darle libertad para manifestar los dones que el ha depositado en usted ya sea el de profecía, consolación, hospitalidad, enseñanza o cualquiera de los otros dones enumerados en Romanos 12, 1 Corintios 12 y Efesios 4. Todos los dones se necesitan grandemente en el cuerpo de Cristo, ¡incluyendo los suyos!

Una palabra final

Esperamos que este pequeño folleto le ayude a apropiarse de la voz de Dios y a evaluar cada palabra que viene a usted. ¡Que nuestro Señor le bendiga ricamente mientras procura oír su voz y obedecer su voluntad para su vida!

---

[1] Cindy Jacobs, *The Voice of God*,(Ventura, CA: Regal Books, 1995), pp. 83.84

Apéndice

¿Qué es Global Harvest Ministries?

TODAVÍA EXISTEN dos billones de individuos a los cuales no les ha llegado el evangelio y que aun no tienen un movimiento vital de iglesia indígena.

Global Harvest Ministries, bajo el liderazgo del Dr. C. Peter Wagner, une las cadenas de oración nacionales e internacionales existentes para concentrar el máximo poder de oración en la evangelización mundial; especialmente para la gente perdida de la Ventana 10/40.

Al trabajar con los líderes cristianos de todo el mundo, Global Harvest busca unir una fuerza masiva de oración que esté equipada, entrenada y concentrada en las valientes batallas espirituales que liberarán a millones de personas de las garras del enemigo permitiéndoles oír y recibir el evangelio.

Buscamos a los que puedan unir sus manos a las nuestras de las siguientes maneras:

- Con oración: Movilizando la intercesión y oración para los pueblos más empobrecidos espiritualmente del mundo.
- Con ayuda financiera: Se necesitan aportes mensuales para movilizar este masivo esfuerzo mundial de oración.

Si están interesados en ayudar de estas maneras o desean más información sobre Global Harvest Ministries, por favor contáctenos en las siguientes direcciones:

Global Harvest Ministries
P.O. Box 63060
Colorado Springs, CO 80962-3060
Teléfono 719 262 9922
E-Mail: Info@globalharvest.org
Web Site: www.globalharvest.org

Libros del movimiento profético

0-88113-622-0

0-88113-621-2

0-88113-589-5

0-88113-552-6

0-88113-578-X

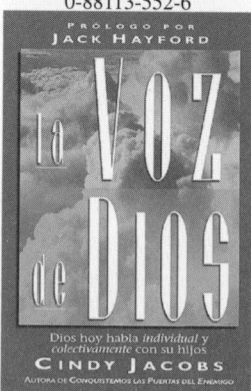

0-88113-346-9

Adquiéralos en su librería cristiana más cercana
o visite: www.caribebetania.com